고정욱 선생님이 들려주는

광개토대왕

고정욱 글 · 허구 그림

산하

| 글쓴이의 말 |

그날이 오길 기대하면서

사람들은 우리가 사는 이 땅이 비좁다고 합니다. 인구는 많고 자원은 부족하다면서 땅이 넓은 다른 나라들을 부러워하곤 하지요.

하지만 우리도 지금보다 훨씬 넓은 영토를 가지고 있을 때가 있었습니다. 고구려 시대의 일입니다. 광개토대왕은 아들 장수왕과 함께 우리 영토를 크게 넓혀 고구려의 전성기를 이루었습니다. 광개토대왕을 가리키는 완전한 이름은 '국강상광개토경평안호태왕'인데, 이는 땅을 넓게 차지하고 나라를 잘 다스린 왕이라는 뜻입니다.

광개토대왕은 주변 나라들과 수없이 많은 전쟁을 치렀습니다. 위로는 동부여를 멸망시키고 연나라를 격파해 요동 지역까지 진출했으며, 남으로는 한강 북쪽과 예성강 동쪽의 땅을 차지했습니다.

그러나 안타깝게도 우리는 지난날 고구려의 그 넓던 땅을 많이 잃었습니다. 뿐만 아니라, 우리나라는 지금 남과 북으로 갈라져 있습니

다. 이렇듯 보잘것없는 후손의 모습을 보면서, 광개토대왕은 원통해 할지도 모르겠습니다.

나는 우리 민족이 통일을 이루어 독립적이고 강한 나라로 거듭나기를 바라는 마음으로 이 책을 썼습니다. 세계만방에 우리 민족의 기상과 뜻을 널리 펼칠 그날이 오길 기대하면서요.

이 책을 읽은 어린이들의 가슴속에 광개토대왕의 큰 뜻이 자리 잡고, 그 옛날 우리 배달민족의 기상이 되살아나기를 간절히 바랍니다.

어린이야말로 미래의 희망이며, 우리 민족의 꿈이기 때문입니다.

온달 장군의 전설이 깃든 아차산에서
고정욱

| 차례 |

글쓴이의 말
그날이 오길 기대하면서 ● 02

대륙의 꿈을 안고 ● 06
미천왕에서 고국양왕까지 ● 18
할아버지의 원수를 갚겠어요 ● 30
왕위에 오르다 ● 40

백제의 관미성을 점령하다 ● 50

신라를 도와 왜구를 물리치다 ● 64

연나라와의 전쟁 ● 72

광개토대왕비를 세우다 ● 86

고구려사 연표 ● 94

광개토대왕비에는 자랑스런 우리 역사가 담겨 있어요! ● 96

대륙의 꿈을 안고

　해가 지자. 하늘을 가릴 듯 울창한 전나무 숲이 칠흑같이 어두워졌습니다.
　"위험하옵니다!"
　횃불을 밝혀 든 신하들이 숲속으로 들어가는 소년을 쫓아가면서 소리를 질렀습니다.
　"이곳 모두가 장차 나의 땅이 될 터인데 무엇이 두렵단 말이냐?"
　시위에 활을 걸고 부하들보다 앞장서서 점점 깊은 산 속으로 들어가는 소년이 있었습니다. 입은 옷이나 기품으로 보아 여염

집(일반 백성의 살림집) 소년은 아니었습니다.

"왕자님, 같이 가세요!"

무사들이 칼과 창을 들고 뒤를 따랐습니다.

이곳은 민족의 영산인 백두산 기슭이었습니다. 사람이 한 번도 발길을 들여놓지 않았을 것 같은 깊은 숲속을 고구려의 왕자인 담덕과 부하들이 조심스럽게 들어가고 있었습니다. 이 산 어딘가에 숨어 있을 호랑이를 찾기 위해 포위망을 좁혀 가는 길이었습니다.

이곳 백두산 부근 마을에 고구려의 왕자인 담덕이 온 것은 열흘 전이었습니다. 이름난 산을 찾아 큰 기상을 기르기 위해서 온 것이었습니다.

그런데 피에 굶주린 호랑이가 산에서 내려와 마을 사람 여럿을 물어 갔다는 말을 듣게 되었습니다. 담덕은 가만히 수련만 하고 있을 수가 없었습니다.

"당장 가까운 마을에서 사람들을 모아 호랑이가 있을 만한 곳을 포위해서 잡도록 하자."

담덕은 이제 겨우 애티를 벗은 나이였지만, 덩치로 보면 어른 같았습니다. 그런 왕자의 용맹에 마을 사람들은 모두 나서 산을 크게 에워싸고 북을 치며 호랑이를 몰았습니다.

"호랑이다!"

오른쪽 산등성이에서 사람들의 고함 소리가 들렸습니다. 조금 더 있으니, 이번에는 왼쪽 산등성이에서 함성이 터졌습니다.

"호랑이가 내려간다!"

양쪽 산등성이가 모두 막혀 버리자, 호랑이는 골짜기로 내려가기 시작했습니다. 그 골짜기 밑에서는 담덕 왕자가 부하들과 함께 활을 들고 호랑이를 기다리고 있었습니다.

"곧 이리로 들이닥칠 것이다. 모두 정신 바짝 차려라!"

왕자와 부하들은 모두 긴장했습니다. 나무 사이에서 언제 커다란 호랑이가 튀어나올지 아무도 모르기 때문입니다.

"왕자님, 저기……."

부하들 가운데 한 사람이 낮은 목소리로 왕자를 부르더니, 숲 저쪽을 가리켰습니다. 왕자는 부하가 가리키는 쪽을 돌아보았습니다.

전나무 숲 사이로 퍼런 불빛 두 개가 불을 뿜고 있었습니다. 바로 호랑이의 눈이었습니다.

"아이고!"

부하 가운데 담이 약한 사람은 그 자리에 주저앉아 오줌을 싸 버렸습니다.

그 순간, 찬바람이 일면서 허공을 가르고 호랑이가 뛰어올랐습니다.

"쏴라!"

왕자의 명령이 떨어지자, 부하들은 한꺼번에 화살을 쏘았습니다.

"쌩, 쌩!"

여러 발의 화살을 맞은 호랑이는 사람들 머리 위를 훌쩍 지나 저만치에 나가떨어졌습니다. 창을 든 사람들이 한꺼번에 달려들어 호랑이의 숨통을 끊었습니다.

"만세!"

"담덕 왕자님, 만세!"

횃불을 밝힌 사람들은 기뻐 소리를 질렀습니다. 몇 년 동안이나 마을 사람들을 괴롭혀 왔던 늙은 호랑이를 드디어 잡았기 때문입니다.

다음 날 아침이 되었을 때, 사람들은 다시 한 번 깜짝 놀랐습니다.

호랑이에게 꽂힌 여러 발 가운데 왕자의 화살만이 정확히 심장을 꿰뚫은 것입니다. 사람들은 왕자의 용기와 활 솜씨에 감탄했습니다.

고국양왕은 왕자 담덕이 호랑이를 잡았다는 이야기를 들었습니다. 왕자가 위험한 곳에 갔다는 게 걱정도 되었지만, 이제 왕자는 더 이상 어린아이가 아니라는 것을 알았습니다. 그래서 이제부터는 왕자를 전쟁터에 데리고 가, 본격적으로 병법과 군사를 지휘하는 법을 가르치기로 결심했습니다.

담덕은 어느 누구보다 늠름한 기상으로 아버지를 따라 전쟁터에 나갔습니다.

큰 강을 사이에 두고 북쪽에는 고구려군, 남쪽에는 백제군이 진을 치고 있었습니다. 고구려의 군사들은 오늘로 며칠째 백제 성을 공격하느라 해가 질 무렵에야 진지로 돌아오기를 되풀이했습니다.

"아이고, 아야!"

"으으, 살려 줘."

백제군의 화살이나 칼에 다친 고구려 군사들이 치료를 받는 모습은 참으로 끔찍했습니다. 길바닥 여기저기에 부상당한 군사들이 쓰러져 있고, 시체가 버려져 있기도 했습니다.

그 사이를 뚫고 이 싸움을 지휘하는 고국양왕과 왕자가 지나가고 있었습니다.

"아바마마, 너무나 끔찍해서 볼 수가 없습니다."

어린 왕자는 황금빛 갑옷을 입은 고국양왕의 뒤에 숨으려 했습니다.

"왕자야. 정신 똑바로 차리고 보아라. 우리가 왜 이런 희생을 무릅쓰고 백제의 성을 공격해야 하는지 네가 똑똑히 알아야만 되느니라."

백제를 치러 간 고국양왕은 전쟁터에 다닐 때마다 장남인 담덕을 데리고 다녔습니다. 이제 겨우 열 살이 넘은 담덕은 전쟁의 끔찍함을 지켜본다는 것이 무섭고 두려운 일이었습니다. 하지만 담덕의 아버지인 고국양왕의 생각은 달랐습니다.

'우리 고구려는 북으로는 연나라, 남으로는 신라와 백제 사이에 끼어 있는 나라다. 이 틈바구니에서 살아남으려면 강한 왕이 되어 나라를 이끌어야 한다. 왕이 어리석은 판단을 하거나 실수를 하면 수많은 백성이 돌이킬 수 없는 고통을 받기 때문이다. 그러니 우리 아들 담덕은 나보다 더 강하고 씩씩한 왕이 되어야 한다.'

이렇게 생각한 고국양왕은 기회가 있을 때마다 전쟁터에서 왕이 지녀야 하는 용기와 지혜가 얼마나 중요한가를 담덕에게 가르쳤습니다.

전쟁을 마치고 고구려로 돌아온 뒤, 고국양왕은 담덕을 불렀습니다.

"담덕아."

"예, 아버님."

"너는 이번 전쟁을 보고 무엇을 느꼈느냐?"

"전쟁을 하면 많은 사람들이 죽고 다친다는 것을 알았습니다."

"그렇지. 그렇다면 우리 고구려가 왜 자꾸 이웃 나라들과 싸워야 하는지도 깨달았느냐?"

"예. 우리 고구려의 힘이 약해지면 침략하려는 나라들이 바로 옆에 있기 때문입니다."

"오냐, 제대로 보았구나."

고국양왕은 이웃 나라들 사이의 상황을 제대로 알아낸 왕자가 대견했습니다.

넓은 초원을 빠르게 달리는 몇 마리의 말이 있었습니다. 뽀얀 연기를 일으키며 달려온 말들은 끝없이 넓은 초원이 내려다보이는 산중턱에 이른 다음에야 멈췄습니다.

"헉헉! 왕자님, 천천히 좀 가세요."

"그 정도 달리고 지쳐서야 어찌 고구려의 남아라 할 수 있겠느냐?"

앞장서 달려온 사람은 다름 아닌 담덕이었습니다. 담덕은 그 사이 키가 훌쩍 자라고 덩치도 커져서 훤칠한 장부가 되어 있었습니다.

그를 따라온 몇몇 신하와 시종은 모두 다 얼굴이 누렇게 떴습니다. 말을 달리고 무예를 하는 데 있어 담덕의 재능은 몹시 뛰어났습니다.

"하지만 가까운 곳을 놔두고 왜 하필이면 이렇게 험한 산길로 달려오십니까?"

고구려의 국내성은 만주 벌판이 내려다보이는 산골짜기에 있었습니다. 산세가 험해 적과 맞서 싸우기에 아주 좋은 곳이었습니다.

"내가 여기까지 온 이유가 따로 있다. 여기에 올라서면 저 멀리 북쪽의 대륙과 남쪽의 신라, 백제가 한눈에 보이는 것 같기 때문이다."

멀리 있는 나라들이 진짜 한눈에 보일 리는 없지만, 담덕은 이렇게 시간이 날 때마다 높은 산에 올라 세상 끝까지를 고구려 땅으로 만들겠다고 굳게 결심했던 것입니다.

미천왕에서 고국양왕까지

　담덕의 증조할아버지인 미천왕은 고구려를 강한 나라로 만들기 위해 노력을 많이 했습니다.

　미천왕이 고구려를 다스리던 시절, 남쪽으로는 백제와 신라가 고구려와 맞서고 있었습니다. 서쪽으로는 남만주에서 몽골 지방에 걸쳐 선비족(뒷날의 연나라)이 자리 잡고 있었으며, 북쪽에서는 동부여가 고구려를 괴롭혔습니다. 또한 동쪽으로는 연해주 지방에 읍루라는 나라와도 마주하고 있어서, 고구려는 사방이 적들로 에워싸여 있었습니다.

　주변에 있는 나라들은 기회만 있으면 언제든지 고구려로 쳐들어오려고 노렸습니다. 그러나 미천왕은 결코 기죽지 않았습니다.

오히려 미천왕은 한반도의 북서쪽을 계속 공격했습니다. 서안평, 낙랑, 현도성 등을 쳐서 포로들을 잡아오는 전과를 올렸습니다. 하지만 그때 가장 힘이 셌던 연나라를 여러 번 공격한 것은 모두 실패했습니다.

그런데 낙랑국에는 슬프고 안타까운 이야기가 하나 있습니다. 호동 왕자와 낙랑 공주의 이야기입니다.

낙랑에는 적이 쳐들어오면 저절로 울리는 자명고라는 북이 있었습니다. 그래서 다른 나라가 낙랑을 공격하는 일이 쉽지 않았습니다.

그러던 어느 날, 고구려 대무신왕(세 번째 임금)의 아들이었던 호동 왕자가 사냥을 나갔다가 낙랑의 공주와 마주쳤습니다. 처음 본 순간부터 호동 왕자와 낙랑 공주는 곧바로 사랑에 빠졌습니다.

하지만 이 사실을 안 대무신왕은 낙랑을 칠 수 있는 좋은 기회

라고 생각했습니다. 호동 왕자에게 낙랑 공주를 시켜 자명고를 찢게 하면 쉽게 이길 수 있을 것 같았습니다.

대무신왕의 명을 받고 호동 왕자는 고민을 거듭했습니다. 그러다가 마침내 낙랑 공주에게 자명고를 찢어 달라고 청했습니다. 낙랑 공주 역시 고민을 하다가 사랑하는 호동 왕자의 부탁을 들어주었습니다. 결국 낙랑국은 자명고를 찢어 전쟁에서 지게 만든 공주를 죽이고 고구려에 항복했습니다. 그러나 사랑하는 공주를 버리고 나라를 택한 호동 왕자는 죄책감에 스스로 목숨을 끊었다는 안타까운 이야기입니다.

미천왕의 뒤를 이어 왕이 된 고국원왕은 주변 나라들과 친하게 지내려고 애썼습니다.

그 가운데 가장 힘이 센 나라가 연나라였기 때문에 고국원왕은 세자를 보내 연나라 왕을 달래려 했습니다. 하지만 연나라는 결국 고구려를 쳐들어오고 말았습니다. 이것은 339년의 일입니다.

모용황이라는 장수가 수많은 군사를 거느리고 쳐들어오는

바람에 고구려는 꼼짝없이 당할 수밖에 없었습니다. 그들의 세력이 너무 강했기 때문에, 할 수 없이 고국원왕은 단웅곡이라는 길고 험한 골짜기로 몸을 피했습니다.

그러자 왕을 잡기 힘들다고 생각한 모용황은 대신 왕비와 왕의 어머니인 주씨를 사로잡았습니다. 그리고 연나라로 돌아가려는데. 한수라는 장수가 모용황에게 말했습니다.

"모처럼 멀리까지 싸우려 나오셨으니 이참에 확실하게 고구려 놈들의 기상을 꺾어 놓아야 합니다."

"어떻게 하면 좋겠소?"

"이미 왕모와 왕비는 우리한테 잡혔으니. 고구려 왕의 아비 시체를 파 가는 게 좋을 것 같습니다."

그 말을 들은 모용황은 깜짝 놀랐습니다.

"아무리 적이지만 그렇게 끔찍한 짓을 할 필요가 있겠소?"

그러자 한수가 말했습니다.

"그렇게 해 두어야 아비의 시체를 찾고 왕비와 자신의 어머니를 구하기 위해 끝까지 싸우지 않고 우리 말을 잘 들을 것입니다."

들고 보니 그럴 듯했습니다. 그렇게 약점을 움켜쥐고 있어야 고구려가 나중에라도 연나라에 도전해 오지 않을 것 같았기 때문입니다.

모용황은 환도성을 부수고 궁전까지 불 질러 버렸습니다. 미천왕의 묘를 파헤치고 창고를 털어 보물을 잔뜩 빼앗았습니다. 그런 다음 고구려 백성 5만 명을 포로로 끌고 갔습니다. 이것은 고구려가 당한 가장 끔찍한 일이었습니다.

그러고 나서 30년쯤 뒤. 담덕의 할아버지인 고국원왕은 평양성에서 벌어진 백제와의 전투에서 세상을 떠났습니다. 백제의 근초고왕이 이끌고 온 군사들이 쏜 화살에 맞았던 것입니다.

고국원왕의 뒤를 이어 큰아들 소수림왕이 왕위에 올랐습니다. 그런데 살펴보니 계속된 전쟁으로 백성과 나라는 지칠 대로 지쳐 있었습니다. 소수림왕은 우선 나라를 안정시키는 일이 가장 중요하다고 생각했습니다.

"이제 더 이상의 전쟁을 치르면 우리 고구려의 운명이 위험하오. 그러니 전쟁을 삼가고 이 나라를 다시 일으켜야 하겠소."

소수림왕이 말하자 신하들도 찬성했습니다.

"그렇습니다. 전하. 주변 나라들을 일부러 자극할 필요는 없습니다. 무엇보다도 연나라를 비롯한 북쪽의 여러 나라와 좋은 관계를 유지하는 것이 중요합니다."

"맞습니다. 사신을 보내서 화친(나라와 나라 사이에 다툼 없이 가까이 지내는 일)을 맺어야 합니다."

"좋은 생각이오. 당장 귀한 물건들을 구해서, 선물로 가져가도록 하시오."

북쪽의 여러 나라들과 관계가 좋아지자. 각국에서 사신이 왔습니다. 그때 온 사람들 가운데 전진이라는 나라의 유명한 스님인 순도가 있었습니다. 순도는 소수림왕에게 불교의 깊은 가르침을 알려 주었습니다.

"불법은 사람들에게 깊은 깨달음을 주고 평화를 가져옵니다. 불교를 받아들이면 대자대비하신 부처님의 뜻으로 마음이 온화해져. 원수 같던 사람들도 서로 아끼고 사랑할 수 있게 됩니다."

"오, 그게 정말이오?"

"그렇습니다. 북쪽의 여러 나라도 불교를 통해 서로 싸우지 않고 화합하게 되었습니다."

"불교의 힘이 그렇게 큰 줄 몰랐소."

"지금 북쪽에는 오랑캐부터 서역(오늘날의 인도를 포함해 중국 서쪽에 있던 나라를 가리키는 말)의 상인들까지 수많은 사람들이 살고 있지만 모두 불교를 믿으면서 한마음으로 화합합니다."

이 말을 들은 소수림왕은 불교야말로 고구려를 안정시키는 데 꼭 필요한 종교라는 생각을 하게 되었습니다.

고구려는 만주에 살던 여러 부족과 함께 나라를 세웠기 때문에 갈등과 충돌이 많았습니다. 그래서 전쟁을 하거나 싸움에 나가면 힘을 모으기 어려운 것이 큰 약점이었습니다.

'불교를 받아들이면 우리 백성이 서로 화합하고 화목하게 될 것이야. 그리 되면 우리는 어떤 외적이 쳐들어와도 싸워 이길 수 있어.'

이렇게 생각한 소수림왕은 불교를 나라의 종교로 정하여, 온 국민이 믿게 했습니다. 그리고 여러 곳에 절을 지어, 백성들이 전쟁에서 받은 상처를 어루만지도록 했습니다. 그리하여 백성들은 착한 일을 많이 하면 죽어서는 극락(불교에서 이야기하는

괴로움이 없고 안락하며 자유로운 세상)에 갈 수 있다고 생각하게 되었습니다. 또한 다른 사람을 깊이 사랑하라는 부처님의 가르침을 배우려 애썼습니다. 이렇게 해서 민심이 안정되자, 나라는 점점 기틀이 잡혔습니다.

"이제 할 일이 또 하나 있습니다."

나라가 안정되자 신하들은 소수림왕에게 말했습니다.

"그게 무엇이오?"

"인재를 기르는 일입니다. 전쟁을 많이 치르다 보니, 훌륭한 인재가 많을수록 나라가 부강해진다는 것을 알 수 있었습니다."

"교육 기관을 만들어서 인재를 길러야 합니다."

"옳은 말이오. 즉시 학교를 만드시오."

그래서 만든 것이 우리나라 최초의 대학이라고 할 수 있는 태학입니다. 많은 선비들이 태학에서 공부를 하고 학문을 익혀서 나라에 중요한 인재가 되었습니다. 소수림왕은 이러한 인재를 바탕으로 모든 힘이 왕에게 모이게 하는 법을 발표했습니다. 이에 따라 나라에는 법의 질서가 바로잡혔습니다.

하지만 몸이 약하고 자식이 없던 소수림왕은 담덕이 태어난

지 얼마 지나지 않아 숨을 거두었습니다. 자연스럽게 왕의 자리는 소수림왕의 동생인 일현에게 넘어갔습니다. 그가 바로 담덕의 아버지인 고국양왕입니다.

할아버지의 원수를 갚겠어요

고국양왕은 아들인 담덕에게 증조할아버지가 연나라에 당한 수모에 대해 이야기를 할 때면, 그때 일이 생각나는지 두 눈을 질끈 감고 잠시 말을 멈추곤 했습니다.

"그 뒤로 우리는 치욕스럽게도 연나라에 선물을 바치며 친하게 지내야만 했단다. 그래서 네 증조할아버지의 시신은 돌아왔지만, 증조할머니는 오래오래 연나라에 잡혀 사셨던 것이다."

몇 번씩이나 이 이야기를 아버지에게 들었지만 그럴 때마다 담덕은 화가 치밀어 올랐습니다.

"그래서 그동안 우리가 연나라에게 꼼짝 못 했던 것이로군요."

"그래. 하지만 그 원한은 어떻게든지 갚아 주고 말 것이다. 내가 갚지 못하고 죽더라도 네가 이 원수를 꼭 갚아야 하느니라."

"알겠습니다."

"또한 네 할아버지인 고국원왕께서는 백제와의 전투에서 화살에 맞아 돌아가셨다. 이 원수도 역시 갚아야 한다."

"예."

"북으로 남으로 원수만 가득 차 있는 것이 우리 고구려의 현실이다. 이들을 물리치고 평화를 찾을 때까지 우리는 한시도 마음을 놓을 수 없다."

담덕은 가만히 생각에 잠겼습니다. 이를 본 고국양왕이 물었습니다.

"담덕아, 무슨 생각을 하느냐?"

"우리나라를 외적으로부터 지켜서 안정되게 하고, 오래오래 행복하게 만들어야겠다고 생각했습니다."

"호, 그래? 그렇다면 그 방법은 무엇이냐?"

"강한 군대를 기르고, 늘 경계하는 마음을 가져야 합니다."

"좋은 대답이다. 늘 정신을 차리고 있어야만 다른 나라에게

당하지 않지. 그래. 그렇다면 너는 우리 주위에서 가장 위험한 나라가 어디라고 생각하느냐?"

담덕에게는 어려운 질문이었습니다. 이 질문은 아들을 시험하는 것이기도 했으니까요. 한참 고민하던 담덕은 고개를 들어 말했습니다.

"우리 증조할아버지의 원수인 연나라라고 생각합니다."

"왜 그렇게 생각했느냐?"

"지금은 갈라졌지만. 결국 백제와 신라는 우리 형제 국가이기 때문입니다."

"그래. 남쪽에 있는 백제와 신라는 우리와 같은 말을 쓴다. 형제의 나라인 셈이다. 그리고 그들의 힘은 아직까지 우리를 넘볼 만큼 세지 않다. 우리의 목숨을 단숨에 잘라 버릴 수 있는 나라는 바로 연나라이다."

연나라 이야기를 하면서 고국양왕은 다시금 마음이 어두워졌습니다.

"어찌하면 연나라를 이길 수 있다고 생각하느냐?"

"이미 말씀드렸듯이. 우리가 연나라의 침략을 이겨 내려면 강한 군사와 날랜 말이 필요합니다."

"하지만 강한 군대만으로는 연나라를 이길 수 없다. 그들은 우리보다 인구가 훨씬 많고, 땅이 넓으며, 부강한 나라여서 조상 대대로 우리를 괴롭히지 않았느냐?"

거기까지 생각이 미치자 담덕은 할 말이 없어졌습니다.

"이 아비의 생각은 이렇다."

담덕은 눈을 반짝이며 아버지의 말에 귀를 기울였습니다.

"우리의 수도 국내성은 연나라와 너무나도 가까이 있다."

"예?"

거기까지 미처 생각을 못했던 담덕은 눈을 동그랗게 떴습니다.

"연나라가 쳐들어오면, 너무나 가까이에 수도가 있기 때문에 우리는 저항도 제대로 못해 보고 당할 수밖에 없다."

"그렇습니다."

"그러면 어찌해야 하겠느냐?"

담덕은 깊은 생각에 빠졌습니다. 연나라 군사가 고구려의 수도에 쳐들어오면 오래도록 고생하게 만들어야 합니다. 그러려면 수도를 멀리 옮기는 수밖에 없지 않을까 하고 생각하는데, 고국양왕이 먼저 입을 열었습니다.

"우리가 연나라의 위협으로부터 좀더 안전해지고 그들과 효

과적으로 싸우려면, 좀더 먼 곳으로 수도를 옮겨야 한다."

"아바마마, 소자도 그리 생각했습니다."

"그랬느냐?"

"하지만 어디로 가야 할지는 생각해 보지 않아 아직 대답을 올리지 못했습니다."

"우리는 남쪽으로 내려가야 한다."

"예. 남쪽으로요?"

"남쪽에는 기름진 평야와 강이 있다. 그리고 산과 강이 많아서 연나라 군사가 쉽게 쳐들어오기 어려울 것이다. 게다가 우리가 경제적으로나 문화적으로 발전하려면 이렇게 좁은 곳에서는 어렵다."

"하지만 남쪽에는 백제와 신라가······."

"그렇기 때문에 어려운 문제다. 하지만 백제나 신라와 가까이 있는 것이 북쪽의 다른 나라들과 가까이 있는 것보다 훨씬 안전하다. 남쪽으로 옮겨 간다면, 연나라가 쳐들어오더라도 얼마든지 맞서 싸울 수 있다. 거리가 멀어서 연나라 군사들이 지칠 것이기 때문이다."

고국양왕이 오랫동안 생각해서 내린 결론은 남쪽으로 세력을 확장해 백제와 신라를 누르고 한반도에서 기틀을 잡는 것이었습니다. 그러려면 고구려의 수도를 남쪽으로 옮기는 것만이 살 길이라고 생각했습니다.

"너의 증조할아버지인 미천왕이 능욕당한 일을 잊지 말거라. 우리는 언제고 이 원수를 갚아야만 한다. 그러기 위해서는 남쪽 땅에 기반을 두고 힘을 길러야 한다. 백제와 신라는 드넓은 평야를 가지고 있어 먹고사는 데 아무 지장이 없다. 그 땅을 우리의 것으로 만들어서 부강한 나라가 되면, 연나라도 우리를 쉽게 넘보지 못할 것이야."

"알겠습니다. 소자에게 큰 깨달음을 주셨습니다."

"네가 왕이 되면 이 아비의 가르침을 잊지 말아라. 먼저 남쪽을 다스려 놓은 뒤에 꼭 연나라를 쳐야 한다. 우리가 당한 치욕을 절대 잊지 말도록 해라."

"알겠습니다."

"그리고 군사력만으로 나라가 강해지는 것이 아니라, 백성들이 마음을 모으고 힘을 합해야만 국력이 커지는 것임을 명심하여라."

"명심하겠습니다."

담덕은 이렇게 배우면서 대륙과 한반도를 손 안에 넣어 고구려를 거대한 나라로 만들겠다는 꿈을 키워 갔습니다.

왕위에 오르다

고국양왕은 일찌감치 담덕을 태자(왕위를 물려받을 왕자)로 삼고 뒷날을 대비했습니다. 이런 예감이 맞았는지 고국양왕은 왕위에 오른 지 9년 만에 병으로 세상을 뜨고 말았습니다. 서기 391년, 담덕의 나이 열여섯 살 때였습니다.

"아바마마. 어찌하여 이리 일찍 가십니까. 소자는 아직……
으흐흐흐!"

담덕은 몸부림치며 울었지만, 그런다고 돌아가신 아버지 고국양왕이 돌아올 리는 없었습니다.

"태자마마, 어서 정신을 차리시어 이 나라를 바로잡으셔야 합니다."

신하들은 슬픔에 빠진 담덕을 위로했습니다. 그러면서 이제 담덕이 왕으로서 고구려를 책임져야 한다는 사실을 일깨워 주었습니다.

아버지 고국양왕의 장례가 끝나자 담덕은 왕위에 올랐습니다. 이 담덕 태자가 바로 영락대왕이며, 고구려의 영토를 가장 크게 넓혔다고 해서 뒷날 우리들이 광개토대왕이라 부르는 위대한 왕입니다.

왕위에 오른 광개토대왕이 나라의 살림을 구석구석 살펴보니, 큰아버지인 소수림왕의 뜻이 옳았습니다.

불교를 나라의 종교로 정하고 난 뒤 나라가 안정되고 백성들이 한마음으로 뭉칠 수 있었기 때문입니다. 또한, 많은 인재들이 태학을 통해 길러지고 있었습니다.

광개토대왕은 신하들을 모아 놓고 새롭게 왕이 된 자신의 포부를 밝혔습니다.

"내가 할 일은 선대의 뜻을 이어서 불교를 널리 펼치고 문화를 발전시키는 것이오. 우리에게 문화가 없다면 결국 다른 나라에 녹아 들어갈 수밖에 없기 때문이오. 또한 연나라와 멀리 떨어진 남쪽으로 도읍을 옮겨야 하는데, 지금은 백제와 신라의 기세가 강하기 때문에 그럴 수가 없소. 밖으로는 적의 침입을 막으면서, 안으로는 나라의 힘을 길러야 한다고 생각하오. 이제는 더 이상 연나라의 연호에 따를 필요가 없소. 고구려는 독립된 나라이기 때문에 앞으로는 우리 연호를 쓰겠소."

연호란 왕이 바뀌면 그 왕의 이름을 붙여 햇수를 계산하는 단위입니다. 그전까지는 고구려도 연나라 황제의 연호를 따라 썼습니다. 그러나 광개토대왕은 독립된 나라로서 고구려만의 연호를 쓰겠다는 결심을 한 것입니다. 이에 광개토대왕의 왕명을 따서 영락(永樂)이란 연호를 쓰기 시작했습니다.

이를 통해 고구려는 연나라의 눈치를 살피며 비위나 맞추던 지금까지와는 다르게, 대등한 국가로 거듭나 자존심을 살리게 된 것입니다.

주변 국가들은 고구려의 어린 왕이 과연 어느 정도의 능력을 가지고 있는가를 호시탐탐 시험해 보았습니다. 국경을 넘어 군사들이 몰려 들어오기 시작한 것입니다.

이제 고구려의 실력을 보여 줄 때가 되었습니다. 광개토대왕은 신하들을 모아 회의를 열었습니다.

"자. 이제는 그동안 우리를 괴롭혀 온 주변 나라들을 쳐서 근심 걱정을 없애야 할 것 같소."

왕과 신하들은 고구려의 영토를 어떻게 넓힐 수 있을지 오랜 시간 의논했습니다. 영토를 넓힌다는 것은 나라의 힘이 강해진다는 뜻입니다. 넓은 땅을 차지할수록 많은 백성을 거느릴 수 있고. 그 백성들이 농사를 짓고 세금을 내는 것이 곧 국가의 힘이 되기 때문입니다. 그러려면 나라를 잘 관리해야 하기 때문에. 선왕들이 교육 기관을 만들고 법령을 정비하며 준비했던 것입니다.

"그동안 우리 고구려가 어려웠던 것은 내부의 준비가 제대로 되어 있지 않았기 때문이오. 나의 최종 목표는 연나라를 치는 것이오. 하지만 지금 당장 그럴 수는 없소. 연나라를 치기 위해서는 남쪽을 다스려 등 뒤를 든든하게 만들어야 하오."

"그렇습니다."

"하지만 백제의 힘이 너무나 강해서 자칫하면 우리가 밀릴 수 있습니다."

"그렇습니다. 백제는 한반도의 기름진 남서쪽을 차지한 나라입니다. 뿐만 아니라 서해 바다를 넘나드는 해양 국가이기도 합니다. 산둥반도에도 백제 사람들이 많이 살고 있는 터라. 그 입김이 생각보다 강합니다."

신하들은 백제를 친다는 광개토대왕의 말에 저마다 다른 의견을 내놓았습니다.

당시 백제는 강력한 해양 제국이었습니다. 경기, 충청, 전라 3도의 전부와 강원도, 황해도 영토의 일부를 가지고 있었습니다. 또한 바다 건너 서쪽으로는 동진, 남쪽으로는 왜구와 무역을 하는 등 전성기를 보내고 있었습니다.

게다가 백제의 근초고왕은 고구려가 있는 북으로 세력을 확장했고, 평양성 싸움에서 광개토대왕의 할아버지인 고국원왕까지 죽게 만든 적이 있습니다.

"지금 백제가 힘이 세다고 내버려 두면, 저들은 더욱더 기세등등하게 북으로 밀고 올 것이오. 그러니 우리가 먼저 쳐서 기를 못 펴게 해야 하오."

광개토대왕은 자신의 생각을 다시 한 번 신하들에게 알렸습니다.

"하지만 백제를 치면, 연나라가 가만히 있지 않을 것이 분명합니다."

광개토대왕의 의견에 반대하는 신하가 말했습니다. 백제와 연나라는 고구려를 적으로 삼고 서로 돕기로 약속한 동맹 관계였던 것입니다.

"일단 연나라를 우리 편으로 만들어 놓아야 합니다."

신하들의 여러 의견을 꼼꼼히 들은 광개토대왕이 고개를 끄덕였습니다.

"지금 당장은 밉지만 어쩔 수 없소. 그러니 연나라에 조공(힘이 약한 나라가 힘이 강한 나라에 바치던 세금)을 바쳐서, 연나라와 백제의 관계를 끊도록 만듭시다."

그리하여 신하들이 귀한 선물들을 가지고 연나라로 떠났습니다.

　연나라에서는 고구려가 갑자기 조공을 바치고 좋은 관계로 지내자고 하니 기분이 나쁠 리 없었습니다. 더구나 요즘 백제는 조공을 잘 바치지 않으니, 이 기회에 고구려와 친해지는 것도 좋겠다는 생각이 들었습니다.

　"저희가 백제를 치려 하오니 허락해 주십시오."

　연나라와 사이가 좋아진 고구려가 백제를 공격하겠다고 한 것입니다. 연나라의 황제는 은근히 기뻐했습니다. 부여라는 한 뿌리에서 갈라져 나간 나라끼리 서로 싸워 힘을 빼겠다는데, 연나라로서는 싫을 이유가 없었습니다. 일이 잘 풀리면 한꺼번에 두 마리 토끼를 잡을 수도 있겠다고 생각한 것입니다.

　"좋소. 그동안 백제는 조공도 바치지 않고 사이가 멀었는데, 앞으로 우리는 고구려와 친하게 지내도록 하겠소."

　연나라 황제는 은근히 싸움을 부추겼습니다. 연나라에 다녀온 사신의 이야기를 듣고 광개토대왕이 말했습니다.

　"우리가 싸움을 오래 끌 거라고 생각하는 모양이다. 그렇게 해서 우리 힘이 빠지길 기다리겠지만, 내 생각은 다르다."

광개토대왕은 곧바로 군사를 일으켰습니다. 그리고 그해 7월에 군사들을 이끌고 백제를 공격하기 위해 남쪽으로 내려갔습니다.

백제의 관미성을 점령하다

난데없이 고구려가 공격해 들어오자, 백제는 당황했습니다. 백제군은 빠르게 쳐들어오는 고구려군에게 꼼짝 못하고 당할 수밖에 없었습니다.

"우리 할아버지의 원수인 백제를 이 기회에 말끔히 쓸어버리자. 군사들아, 힘을 내라!"

무예를 갈고닦은 광개토대왕이 앞장서서 지휘하자, 고구려 군사들의 사기는 하늘을 찌를 듯이 높았습니다. 고구려 군사의 무서운 기세에 백제군은 요새(군사적으로 중요한 곳에 튼튼하게 만들어 놓은 방어 시설)를 뺏기고 밀려났습니다. 고구려군은 눈 깜짝할 사이에 열 개의 성을 빼앗았습니다.

"이제 돌아가자."

광개토대왕의 명령에 장수들이 달려와 말했습니다.

"폐하, 아직도 적들이 우리의 공격에 정신을 못 차리고 있는데, 여기서 물러나시다니요?"

"맞습니다. 이 기세로 좀 더 밀어붙여야 합니다."

그러자 광개토대왕이 말했습니다.

"전쟁이 길어지면 우리의 국력이 약해진다. 연나라가 노리고 있는 것은 바로 우리 힘이 약해지는 것이다. 그 꾀에 넘어가면 안 된다. 백제에게 본때를 보여 주었으니, 당분간 남쪽은 걱정이 없게 되었다."

광개토대왕은 군사를 이끌고 국내성으로 돌아왔습니다. 20년 만에 백제에게 승리를 거둔 광개토대왕을 중심으로 백성들은 더욱 똘똘 뭉쳤습니다.

"우리 임금님은 나이는 어리지만 정말 용맹하고 훌륭한 분이야."

"글쎄 말이야. 우리 땅을 되찾아 왔잖아. 백제 군사들이 꼼짝

못했다고 하더군. 이제 우리도 발 뻗고 잘 수 있으려나."

하지만 이것은 전쟁의 시작이었습니다. 돌아오자마자 바로 두 달 뒤에 왕은 다시 명령을 내렸습니다.

"이번엔 거란이다."

군사들은 북쪽으로 쳐들어갔습니다. 그동안 고구려의 정세(나라가 처한 상황이나 형편)가 불안했기 때문에, 국경 지역의 사람들은 거란에 세금을 바치고 있었습니다.

고구려가 강력한 힘으로 거란을 치자, 거란군은 성을 포기하고 도망칠 수밖에 없었습니다. 광개토대왕은 거란군 포로 500여 명을 사로잡고, 흩어졌던 고구려 백성 1만 명을 다시 데리고 돌아왔습니다.

광개토대왕은 다시 백제의 중요한 관문인 관미성을 공격하기로 했습니다. 관미성은 강과 바다가 만나는 곳에 있는 험한 산성이어서 어느 누구도 쉽게 공격할 수가 없었습니다.

"우리 고구려군이 아무리 공격해도 워낙 험한 곳에 있어서 쉽게 차지할 수 없었습니다."

공격을 앞두고 부하 장수들은 광개토대왕에게 이번 공격의 어려움을 말했습니다.

"그렇습니다. 높은 곳에서 활을 쏘고 돌을 굴리니 근처에 가지도 못합니다."

그러자 광개토대왕은 다른 의견을 물었습니다.

"이런 작은 성 하나를 빼앗지 못한다면 어찌 우리가 큰 나라라 할 수 있단 말인가? 무슨 좋은 수가 없겠는가?"

그때 한 장수가 말했습니다.

"아무리 관미성이 험하다고는 하지만 후방의 백제군과 멀리 떨어진 곳에 있는 산성일 뿐입니다. 여러 곳에서 한꺼번에 끊임없이 공격하면 이길 수 있을 것입니다."

"그게 무슨 소린가? 자세히 말해 보라."

광개토대왕이 기뻐하며 묻자 그 장수는 용기를 내어 말했습니다.

"그동안 썼던 방법은 바다나 육지, 한 곳에서만 하는 공격이었습니다. 그러니 관미성을 지키는 백제군이 온 힘을 다해 막아 낼 수 있었던 것입니다. 하지만 우리 고구려가 많은 군사를 동원해 오래도록 여러 곳을 끈질기게 공격한다면, 분명 관미성은 우리의 것이 될 수 있습니다."

"바로 그거요!"

광개토대왕은 무릎을 쳤습니다.

"아무리 많은 군사라 할지라도 한쪽에서만 공격하니 쉽게 막아 낼 수 있었소. 하지만 여러 곳에서 한꺼번에 공격하면 백제군도 힘이 갈라지니까 우리가 이길 수 있지. 당장 만 명의 군사를 준비해서 관미성을 치도록 하라! 관미성으로 올라가는 산길과

바닷길 일곱 곳에 전부 군사를 보내 밤낮을 가리지 말고 공격하라!"

 광개토대왕의 명령에 따라 앞장선 선봉대가 바다에서 관미성을 공격하기 시작했습니다.

 그러자 관미성에서 화살이 비 오듯 날아오고 돌덩이가 굴러 내려왔습니다.

 "어리석은 고구려 놈들. 여기가 어디라고 감히……."

 백제의 수비대장은 가소롭다는 듯이, 산을 올라오는 고구려

군을 마구 공격했습니다. 그때, 성의 뒤쪽에서 함성이 들렸습니다.

"이게 무슨 소리냐?"

"대장님, 뒤에서 적군이 나타났습니다!"

뒷문을 지키는 군사가 달려와 황급히 말했습니다.

"뭐야? 그럼 어서 성문을 닫아 걸고 뒤쪽의 고구려군을 공격하라!"

명령이 떨어지기 무섭게 또 다른 부하가 달려왔습니다.

"대장님, 동문 쪽에도 고구려 군사가 몰려들고 있습니다!"

"서쪽도 공격받고 있습니다!"

백제의 수비대장은 일곱 군데에서 관미성을 향해 고구려 군사가 공격해 오는 것을 보고 기가 질리고 말았습니다.

"아니, 이럴 수가……."

백제의 수비대가 20여 일 동안 죽을힘을 다해 버텼지만, 결국 관미성은 고구려의 차지가 되고 말았습니다.

"만세! 만세!"

불길에 휩싸인 관미성에 들어서면서 광개토대왕은 감격의 눈물을 흘렸습니다.

"할아버님. 이로써 할아버님의 원수를 갚았습니다. 편히 눈을 감으소서."

광개토대왕의 할아버지인 고국원왕이 하늘에서 웃으며 내려다보는 것만 같았습니다.

관미성을 무너뜨리면서 광개토대왕은 한강 부근의 넓고 기름진 땅을 차지할 수 있는 토대를 마련하게 되었습니다.

다음 해에 백제가 다시 군사를 이끌고 관미성으로 쳐들어왔습니다. 하지만 고구려군에게 패배하고 돌아가고 말았습니다.

그 뒤로도 크고 작은 전쟁이 이어졌습니다. 대부분의 전투는 꼼꼼하고 자세한 계산을 바탕으로 움직이는 광개토대왕의 승리였습니다.

광개토대왕이 왕위에 오른 지 5년 만인 396년. 광개토대왕은 신하들에게 결심을 밝혔습니다.

"이번에 다시 백제를 치려 하오."

"아니, 또 전쟁을 일으키시다니요?"

신하들 중에는 깜짝 놀라는 사람도 있었습니다.

"그게 바로 내가 원하는 것이오. 이번에는 백제의 위례성을 칠 것이오."

"예. 위례성이라면……?"

위례성은 지금의 서울을 말합니다. 위례성은 한강 하류에 있었습니다. 바다와 가까운 이곳은 수많은 물자들이 오고 가기 때문에 백제의 엄청난 부가 쌓이는 지역이었습니다.

"우리가 위례성을 공격함으로써

백제에게 본때를 보이고 싶소."

"하오나 또 다시 백제를 친다 하심은……."

"우리가 얼마 전에 쳐들어갔기 때문에, 백제는 방심하고 있을 것이오. 이럴 때 다시 한 번 치는 것이 병법(군사를 이끌어 전쟁을 치르는 방법)이오."

광개토대왕은 백제의 중심지인 위례로 쳐들어가 내친 김에 수십 개의 성을 더 빼앗았습니다. 이에 놀란 백제의 아신왕은 항복하지 않을 수 없었습니다.

"앞으로는 절대로 고구려를 침범하지 않겠습니다. 그동안 괴롭힌 데 대해 진심으로 사과드립니다."

백제의 아신왕은 광개토대왕에게 무릎을 꿇고 말했습니다. 광개토대왕은 그런 아신왕을 일으켜 세우며 말했습니다.

"본래 고구려와 백제는 형제의 나라요. 백제는 고구려를 처음 일으키신 주몽왕의 아들인 비류와 온조 형제가 부하들을 데리고 마한(진한, 변한과 함께 한반도 서남쪽에서 삼한을 이루고 있던 나라) 땅으로 가서 만든 나라가 아닙니까?"

사실 광개토대왕은 백제를 단번에 점령할 수 있는 힘이 없었습니다. 남쪽의 후환을 없애기 위해 전쟁을 일으켰을 뿐입니다.

"내가 백제를 친 것은 백제의 근초고왕이 내 할아버지인 고국원왕을 죽였기에 그 원한을 갚으려 한 것이오. 이제 그 한을 풀었으니 더 이상 형제의 나라인 백제의 백성을 죽일 이유는 없다고 생각하오."

"감사합니다."

백제 아신왕은 광개토대왕의 너그러운 처사에 고마워했습니다.

"저희를 용서해 주시는 대신 제 아우와 신하 열 명. 그리고 백성 천 명을 볼모로 보내겠습니다. 아울러 베 천 필도 바치겠습니다."

"좋소. 앞으로는 변하지 않고 우리와 좋은 관계를 유지하겠소?"

"변함없이 충성을 바치겠습니다."

하지만 백제의 아신왕도 마음속으로 수모와 치욕을 느꼈습니다. 그래서 속으로 복수하리라 다짐했습니다.

'언젠가 이 수모를 앙갚음하리라.'

이렇게 해서. 오랫동안 고구려를 괴롭혀 온 백제는 이제 고구려의 속국이 되었습니다. 그 뒤로 얼마 동안 백제는 고구려에게 꼬박꼬박 조공을 바쳤습니다.

광개토대왕이 위례성을 차지하자. 고구려는 한강 남쪽의 땅까지 영역을 넓힐 수 있게 된 것입니다.

신라를 도와 왜구를 물리치다

"신라에서 온 사신이오! 신라에서 온 사신이오!"

고구려의 수도인 국내성으로 신라의 신하들이 탄 파발마(나랏일로 급히 다른 지방으로 가는 사람이 타는 말)가 황급히 달려 들어 왔습니다.

그들은 광개토대왕에게 전할 편지를 가지고 며칠을 달려서 고구려까지 찾아온 것입니다. 신라의 내물왕이 광개토대왕에게 보낸 편지는 다음과 같은 내용이었습니다.

왜구가 침입해서 우리 신라를 노략질하고 있습니다. 백

성을 마구 죽이고 식량을 약탈하고 있는데, 우리 신라는 힘이 약해 이들을 제압할 수 없으니, 부디 대왕께서 도와주십시오.

광개토대왕은 신라 내물왕의 편지를 보고, 왜구(일본이 세워지기 전 일본 땅에 살고 있던 해적의 무리)의 침략 뒤에는 백제가 있다고 짐작했습니다. 아무 이유 없이 왜구가 갑자기 신라에 쳐들어올 리 없다고 생각했기 때문입니다.

고구려의 위세에 눌렸던 백제는 오랫동안 고구려에 조공을 바치며 굴욕을 참고 지냈습니다. 하지만 신라가 고구려의 편이기 때문에, 고구려에게 저항을 하려 해도 할 수가 없었습니다. 그렇게 되면 바로 신라가 백제로 쳐들어올 것이기 때문입니다.

그렇다면 신라를 먼저 공격해서 괴롭혀야 하는데, 신라를 공격하면 다시 또 고구려가 쳐들어올 것이 두려웠습니다.

이에 백제의 아신왕은 바다 건너 일본의 왜구와 손을 잡았습니다. 왜구에게 신라를 공격해 주면 그에 맞는 보답을 하겠다고 약속했고, 왜구가 그 말을 듣고 신라에 쳐들어온 것입니다.

이 모든 것은 백제의 아신왕과 신하들의 머리에서 나온 꾀였습니다.

만일 이대로 놔두면 고구려로서도 골치 아픈 일이 아닐 수 없습니다. 신라가 왜구를 막느라 정신없는 사이에, 백제가 힘을 길러 다시 고구려에 쳐들어올 수도 있기 때문입니다.

"할 수 없이 왜구를 쳐야겠소. 우리 고구려의 안전을 위해서는 신라를 구해 줘야 하오."

신하들도 모두 찬성했습니다.

마침내 광개토대왕은 5만 명의 군사를 이끌고 신라의 수도인 경주까지 내려갔습니다.

경주에 도착해 보니, 이미 왜구에게 물샐 틈 없이 포위되어 있었습니다. 경주성은 곧 왜구의 손에 넘어갈 지경이었습니다.

그때, 왜구의 등 뒤로 고구려 군사들이 나타났습니다.

"으악, 저게 사람이냐, 괴물이냐?"

신라군의 항복만 기다리던 왜구는 언덕 위에 나타난 고구려군의 모습을 보고 깜짝 놀랐습니다. 말을 타고 있는 고구려군은 온몸에 쇳조각을 붙인 갑옷을 입었습니다. 그리고 타고 있는 말에

도 똑같은 갑옷을 입혔습니다.

긴 창을 들고 무장한 모습은 어떤 군대라도 무찌를 것처럼 무섭고 단단해 보였습니다. 고구려군은 철기로 무장한 기마 부대였습니다.

"왜놈들을 무찔러라!"

수천 마리의 말에 올라탄 기병들이 우레같이 땅을 울리며 왜군을 향해 창을 겨누고 달려왔습니다.

"에잇!"

"얏!"

왜군들은 창과 칼을 휘둘러 보았지만. 말 위에서 무기를 휘두르며 무서운 속도로 달려오는 고구려군 앞에서는 속수무책이었습니다.

"안 되겠다. 후퇴하자!"

왜구들은 수많은 부상자를 남겨둔 채. 허겁지겁 도망가기 시작했습니다.

고구려군은 크게 힘들이지 않고 신라의 수도인 경주를 구해 냈습니다.

고구려군이 경주에 머무르는 동안, 왜구는 가야(낙동강 하류에 있던 금관가야, 대가야, 고령가야, 소가야, 아라가야, 성산가야의 여섯 나라로 이루어진 부족 국가) 지방으로 내려가 저항하려 했습니다.

그러자 고구려군은 다시 가야까지 왜구를 쫓아가서 물리쳤습니다.

마침내 왜구는 자신들의 근거지를 다 잃고 일본으로 돌아가야만 했습니다.

이로써 왜구는 광개토대왕에 의해 완전히 뿌리가 뽑혔고, 신라의 내물왕은 광개토대왕의 손을 잡고 감사의 눈물을 흘렸습니다.

"대왕, 큰 은혜를 입었습니다."

"형제의 나라인데, 이 정도 도움을 가지고 큰 은혜라 하시다니오?"

"아닙니다. 앞으로는 더욱 열심히 조공을 바치겠습니다. 그리고 백제가 고구려를 괴롭히면 우리 신라가 힘을 보태어 돕겠습니다."

이리하여 백제 아신왕의 계략은 물거품이 되고 말았습니다. 신라가 고구려 편이기 때문에, 어찌해 볼 수 없는 처지가 된 것입니다.

연나라와의 전쟁

신라에서 왜구를 쫓아내고 얼마 지나지 않아. 이번에는 연나라가 고구려를 공격해 왔습니다. 연나라는 쉬지 않고 전쟁한 고구려의 힘이 약해졌으리라 여기고. 이 기회에 만주 벌판을 차지해서 국력을 키우겠다고 생각한 것입니다.

연나라의 장수 모용성은 고구려 북방의 요새인 신성과 남소성을 빼앗았습니다. 고구려는 더이상 물러날 수 없었습니다. 광개토대왕은 마침내 큰 결심을 했습니다.

"이제 연나라를 정벌할 때가 온 것 같소."

몇몇 신하는 조심스런 의견을 내놓았습니다.

"우리는 왜구와 싸우느라 많이 지쳤습니다. 연나라도 그것을 노리고 쳐들어온 것입니다. 차라리 적당한 조건으로 달래서 돌려보내는 것이 어떨지요?"

하지만 광개토대왕의 생각은 달랐습니다.

"우리가 왜구와 싸우느라 힘이 약해진 것은 사실이오. 하지만 그 싸움으로 군사들이 더욱 용맹해지고 전쟁 경험도 더 많이 쌓였소. 이때가 아니면 어찌 연나라를 정벌할 수 있겠소? 연나라가 우리를 얕잡아 보는 바로 지금이 좋은 기회요."

그리하여 402년, 광개토대왕은 6만여 명의 군사를 이끌고 연나라 공격에 나섰습니다. 고구려군은 요하강을 건너 연나라의 중요한 요새인 숙군성을 향해 달려갔습니다.

광개토대왕은 숙군성에 진을 치고 있던 연나라 군사에게 항복하라는 편지를 썼습니다. 그리고 화살에 매어 숙군성의 성주인 모용귀 진영으로 날려 보냈습니다.

너희가 남의 땅을 침범하여 이렇게 잔인하게 굴다니 용서할 수 없으나, 이제라도 항복한다면 목숨은 살려 주겠다.

편지를 읽은 모용귀는 부르르 몸을 떨었습니다.

"작은 나라인 고구려 따위가 감히 우리를 치겠다고? 가소롭도다. 군사를 이끌고 나가 저들을 모조리 짓밟아라!"

화가 난 연나라 군사들은 벌판에서 고구려군과 맞붙었습니다. 하지만 고구려군은 얼마 전까지 왜구를 물리치면서 많은 전투 경험을 쌓은 군대였습니다. 싸우면 싸울수록 고구려군은 사방에 용맹을 떨쳤습니다.

도저히 대적할 수가 없자 모용귀는 달아나 버렸고, 숙군성은 마침내 고구려의 땅이 되었습니다.

　이를 본 연나라의 다른 성주들은 놀라서 겁을 먹고 고구려에 성을 바치기 시작했습니다.
　"저희는 싸울 마음이 없습니다. 고구려에 땅을 바치겠으니, 부디 목숨만은 살려 주십시오."

고구려군은 어렵지 않게 요동성과 현도성을 차지했습니다. 이리하여 고구려는 연나라와 새로운 외교 관계를 맺게 되었습니다. 연나라가 고구려에게 조공을 바쳐야 하는 처지가 된 것입니다.

연나라를 정벌하고 요동 지방을 차지하자, 고구려는 광석이 많이 나는 이 곳의 덕을 톡톡히 보았습니다. 고구려는 요동 땅에서 나는 철광석을 녹여서 무기와 농기구를 많이 만들 수 있었습니다. 게다가 요동의 넓은 벌판에 농사를 지어, 고구려의 부는 갈수록 쌓여만 갔습니다.

얼마 뒤, 고구려와의 전쟁으로 너무 많은 국력을 쓴 연나라는 결국 멸망하고 말았습니다.

연나라는 전연의 왕족이 새로 만든 옛 선비족의 나라였습니다. 한때는 남몽골에서 고구려에 이르는 큰 영토를 차지했지만, 광개토대왕에게 결국 망해 버린 것입니다.

연나라를 정벌하고 나자, 광개토대왕은 동부여까지 완전히 차지하기로 결심했습니다.

오래전, 부여의 왕 해부루가 낳은 금와왕이 하백의 딸 유화를 아내로 맞이했습니다. 그때 이미 금와왕에게는 일곱 명의 아들이 있었습니다. 그 가운데 맏이인 대수오가 금와왕의 뒤를 이어 동부여의 왕이 되었지요.

그리고 유화가 낳은 아들이 바로 고구려의 시조(한 집안이나 나라를 처음 일으킨 사람)인 주몽입니다. 주몽은 금와왕의 일곱

아들들에게 쫓겨서 졸본 부여로 도망쳤고, 여기에 고구려를 세웠던 것입니다.

그 뒤, 동부여는 고구려의 경쟁국이었습니다. 유리왕 때에는 고구려를 침범하기도 했습니다. 그러나 대무신왕 때에는 오히려 고구려군에게 패배하여 동부여가 망하고 말았습니다.

다시 동부여를 일으키려는 움직임이 일자, 광개토대왕은 이에 대비하기로 마음먹었습니다. 동부여를 그대로 놔두었다간 골칫거리가 되겠다고 생각한 것입니다. 그리하여 410년, 광개토대왕이 왕위에 오른 지 19년 만에 저항 세력들을 완전히 물리치고 동부여를 확실한 고구려의 영토로 만들었습니다. 광개토대왕은 동부여와의 전쟁에서 64개의 성과 1,400개의 부락을 빼앗았습니다.

이로써 광개토대왕은 우리나라의 영토를 드넓힌 뛰어난 왕이 되었습니다. 남으로는 한강 부근까지 땅을 차지하고, 서쪽으로는 연을 공격해 고구려 땅으로 만들었습니다. 그리고 북쪽으로는 동부여와 숙신을 정복해서 그 영토가 쑹화강에까지 이르는 가장 넓고 힘센 나라가 된 것입니다. 광개토대왕은 어린 시절에

품었던 큰 뜻을 마침내 이루었습니다.

광개토대왕의 이러한 업적으로, 동북아시아에서는 고구려에 대항할 나라가 없을 지경이었습니다.

"이제 좀 쉬십시오!"

신하들은 전쟁이 터지면 밤이고 낮이고 달려가는 광개토대왕을 지켜보며 말했습니다.

"이 넓은 땅을 지키고 백성을 보살피려면 이 몸이 열 개라도 모자라오."

말은 그렇게 하지만 광개토대왕의 얼굴은 말이 아니었습니다. 볼이 파이고 피부는 꺼칠했습니다. 항상 신경을 날카롭게 곤두세운 채 살아온 지 벌써 스무 해가 넘었습니다.

왕이 된 뒤로 한 번도 쉬어 본 적이 없었습니다. 신하들과 밤새도록 토론하면서, 어떻게 하면 나라를 평안하게 만들 것인가를 고민하는 게 광개토대왕의 일이었습니다.

그날도 광개토대왕은 수도를 평양으로 옮기는 문제를 놓고 신하들과 의견을 나누고, 여기저기서 올라온 보고서를 읽느라 밤을 꼬박 새웠습니다. 멀리서 닭 우는 소리가 들리고 나서야 눈을 붙이려고 자리에서 일어났습니다.

"그대들은 해 뜨는 대로 다시 궁궐로 들어와 이 문제를 매듭짓도록 하라."

"예."

신하들도 피곤하긴 마찬가지였습니다. 자나 깨나 나라 생각만 하는 광개토대왕과 함께 일을 하려니 잠시도 쉴 겨를이 없었던 것입니다.

"자, 그럼……."

광개토대왕이 침실로 들어가려는 순간이었습니다. 갑자기 어지럼증이 나 그 자리에서 쓰러지고 말았습니다.

"아니!"

신하들이 달려와 붙잡았지만 광개토대왕은 이미 정신을 잃은 상태였습니다.

"어서 의사를 불러라!"

신하들이 이리 뛰고 저리 뛰었습니다. 그러나 광개토대왕은 정신을 차리지 못했습니다. 의사가 달려와 황급히 진맥을 하고 응급조치를 했습니다.

"대왕마마! 정신을 차리소서!"

"하늘이시여. 우리 대왕을 보살피소서."

신하들은 광개토대왕의 건강이 염려되어 모두 방 밖에 몇 시간이고 엎드려 눈물을 흘렸습니다.

그들의 마음은 모두 하나였습니다.

광개토대왕이 건강을 되찾고 고구려의 국력을 더욱 키우는 것이었습니다.

해가 중천에 떠서야 의사가 문 밖으로 나왔습니다.

"어찌 되었느냐?"

신하들이 달려가 물었습니다. 그러자 의사가 눈물을 흘리며 말했습니다.

"으흐흑! 대왕께서 돌아가시고 말았습니다!"

"아니, 이럴 수가!"

온 궁궐은 울음바다가 되고 말았습니다. 어떤 신하는 벽에 머리를 찧으며 슬피 울었습니다.

맑던 하늘에 갑자기 구름이 끼더니 천둥 번개가 요란했습니다. 하늘도 위대한 왕의 죽음을 슬퍼하는 것 같았습니다.

천하를 호령하던 광개토대왕도 운명 앞에서는 어쩔 도리가 없었습니다. 하늘이 광개토대왕에게 준 시간이 다 된 것입니다. 광개토대왕이 왕위에 올라 남과 북에 걸쳐 우리나라의 영토를 확장하던 23년 세월은 이렇게 마감되었습니다.

광개토대왕비를 세우다

"대왕마마 행차시다!"

멀리서 시종들이 외치는 소리가 들렸습니다. 국내성이 가까운 벌판에서 비석 세우는 작업을 하던 수십 명의 석공은 한꺼번에 일손을 멈추었습니다. 우뚝 선 비석이 거의 완성되어 까맣게 새겨진 글자들을 드러내고 있었습니다.

"그대들이 고생이 많구나."

공사장에 온 왕은 기골이 장대했고 검은 피부에 우락부락한 얼굴이었습니다. 한눈에 보아도 한 나라의 우두머리 같은 기상을 드러내고 있었습니다.

"아닙니다. 선왕의 업적을 기리는 일에 참여할 수 있는 영광이 있어 감격할 따름입니다."

공사를 맡은 관리가 엎드려 절하며 말했습니다.

"그대들을 위해 술과 음식을 준비했으니, 오늘은 실컷 들고 쉬도록 하라!"

"성스러운 은혜가 하늘 같습니다."

관리와 석공 들이 물러간 자리에 남은 왕은 비석을 한 바퀴 빙 돌았습니다. 손을 들어 비석에 새겨진 글자들을 쓰다듬으며 속으로 중얼거렸습니다.

'아버지. 기필코 아버지의 뜻을 받들어 고구려를 이 세상에서 가장 힘세고 큰 나라로 만들겠습니다.'

왕은 비석을 읽어 보았습니다. 선왕인 광개토대왕의 위대한 업적을 기리는 내용이었습니다.

영락대왕 6년. 왕이 몸소 군사를 이끌고 백제를 토벌했다. 백제의 아신왕은 지금부터 영원히 신하가 되겠다고 맹세했고, 58개 성과 700개의 마을을 얻었다.

영락대왕 20년. 옛날에 주몽왕에게 속해 있던 동부여가 배반하니 왕이 직접 군대를 끌고 가 부여성을 쳤다. 이에 동부여가 두려워 항복하였다.

비석을 쓰다듬으며 감격하는 이는 바로 광개토대왕의 맏아들 장수왕이었습니다. 장수왕은 임금이 되자마자 아버지의 업적을 기리는 비석을 세우라고 명령했습니다. 그 결과로 오늘날의 중국 지린성에 광개토대왕비가 서 있게 되었습니다.

광개토대왕비는 웅장하고 거대한 비석입니다. 우아하면서도 힘찬 모양으로 새겨진 글자는 전한 시대의 예서체입니다. 자연적으로 생겨난 커다란 돌에 정성껏 글자를 새겨 만들었습니다.

네 면에 새겨진 글자는 전부 1,775자입니다. '호태왕비'라고도 불리는 이 광개토대왕비는 고구려 전성기 우리 민족의 웅대한 기상을 보여 주는 귀중한 자료입니다.

하지만 비석 그 자체만으로도 전 세계에 자랑할 만한 기념물이 아닐 수 없습니다. 한마디로 장수왕이 후대에 남긴 선물인 셈입니다.

한 달 뒤. 마침내 광개토대왕비가 완성되자 장수왕은 비석 앞에서 성대한 제사를 올렸습니다. 비석에 절을 한 장수왕은 울면서 말했습니다.

"아버님. 부족한 아들이 아버님의 뜻을 받들어 기필코 고구려를 더욱 부강한 나라로 기르겠습니다. 부디 이 비석을 기쁘게 받아 주십시오. 뒷날 이 비석을 통해 우리 후손들이 아버님의 위대한 업적을 두고두고 기억할 것입니다."

제사가 끝난 뒤 장수왕은 진나라. 송나라. 위나라에 사신을 보냈습니다.

"너희는 가서 앞으로 우리 고구려와 친하게 지낼 것을 약속하고 오너라. 다른 나라와 사이좋게 지내는 것이. 전쟁을 치러 힘을 낭비하는 것보다 몇 배 중요한 일이니라."

장수왕은 이렇게 주변 나라와 친밀한 관계를 유지하려 애썼습니다. 그러나 한편으로는 아버지 광개토대왕의 뜻을 잊지 않았습니다.

"지금 중국과 친하게 지내는 것도 시간이 흐르면 변할 수 있소. 그러니 수도를 평양으로 옮기는 일을 실수 없이 추진하도록 하시오."

고구려는 차근차근 수도 이전 계획을 실천했습니다. 마침내 장수왕 15년(427년)에 만주 퉁거우 지방의 국내성에서 평양으로 수도를 옮겼습니다. 이때부터 고구려는 본격적으로 한반도 남쪽을 노렸고, 백제와 신라는 더욱 큰 위협을 받게 되었습니다.

그 뒤 장수왕은 직접 군사를 이끌고 백제를 공격하여 수도 서울을 점령했고, 개로왕을 사로잡기도 했습니다.

그리고 말갈(시베리아, 중국 동북 지방, 우리나라 함경도에 걸쳐 살았던 부족)의 군사를 앞장세워 신라를 공격하기도 했습니다. 그 결과 고명성 등 성 7개를 빼앗아, 고구려의 영토는 남쪽으로는 아산만에서 동쪽으로는 죽령에까지 이르렀습니다. 또한 북서쪽으로는 랴오허강 동쪽 지방 대부분이 고구려 땅이 되어 고구려의 전성기가 이어졌습니다. 장수왕의 이런 업적은 전부 아버지인 광개토대왕의 정신을 이어받은 것이지요.

우리 역사에서 가장 강한 나라였던 고구려는 이렇게 아버지와 아들에 걸쳐 이룩되었습니다.

안타깝게도 광개토대왕이 정복했던 요동반도(랴오둥반도)와 중국 동북부 지방은 중국 땅이 되었지만, 광개토대왕이 보여 준 용기와 지혜는 앞으로도 길이 빛날 것입니다.

고구려사 연표

기원전	58년	주몽 탄생
기원전	37년	고구려라는 이름으로 나라를 세움
기원전	19년	주몽 죽음. 태자 유리가 왕이 됨(유리왕)
기원전	6년	동부여와 고구려 싸움에서 고구려 이김
서기	18년	유리왕 죽음. 태자 무휼이 왕이 됨(대무신왕)
	32년	호동왕자의 활약으로 낙랑국 멸망
	44년	대무신왕 죽음. 동생 해색주가 왕이 됨(민중왕)
	48년	민중왕 죽음. 대무신왕의 태자 해우가 왕이 됨(모본왕)
	53년	모본왕 죽음. 유리왕의 손자 궁이 왕이 됨(대조대왕)
	55년	성 10개를 쌓고 후한과 대결
	121년	선비족 8천 명이 요동으로 쳐들어 옴
	146년	대조대왕 물러남. 동생 수성이 왕이 됨(차대왕)
	165년	차대왕 죽음. 대조대왕의 아들 백고가 왕이 됨(신대왕)
	166년	한나라의 군사가 고구려에 침입했으나 모두 물리침
	179년	신대왕 죽음. 아들 남무가 왕이 됨(고국천왕)
	184년	후한의 요동태수군이 고구려에 침입. 왕이 직접 물리침
	197년	고국천왕 죽음. 둘째 동생 연우가 왕이 됨(산상왕)
	198년	해성에 환도성을 쌓아 조조군에 대비함
	227년	산상왕 죽음. 태자 우위거가 왕이 됨(동천왕)
	248년	동천왕 죽음. 태자 연불이 왕이 됨(중천왕)
	270년	중천왕 죽음. 태자 약로가 왕이 됨(서천왕)
	292년	서천왕 죽음. 태자 상부가 왕이 됨(봉상왕)
	296년	모용외가 고구려에 침입함
	300년	봉상왕 죽음. 을불이 왕이 됨(미천왕)
	304년	고구려 낙랑부 부장이 자객을 보내 백제의 분사왕을 죽임
	331년	미천왕 죽음. 태자 사유가 왕이 됨(고국원왕)
	342년	모용황과의 전쟁에서 패하고, 미천왕의 시신과 왕비를 뺏김
	343년	동생을 볼모로 주고 미천왕의 시신을 찾아옴

371년	백제 근초고왕과 싸우다 고국원왕 죽음 태자 구부가 왕이 됨(소수림왕)
372년	불교와 불교 문화가 들어옴
375년	광개토대왕이 되는 태자 담덕이 태어남
377년	백제가 목멱산 행궁 침공함
384년	소수림왕 죽음. 동생 이연이 왕이 됨(고국양왕)
390년	고국양왕이 병들자. 담덕이 대신 왕의 임무를 행함(광개토대왕)
392년	백제의 10성과 강화도에 있는 관미성 뺏음
395년	백제, 신라 그리고 왜구를 소탕하고 복종하여 섬기게 함
396년	왕이 직접 백제 아신왕의 항복을 받아 내고 한강 이남의 땅을 얻음
402년	후연을 공격해 땅을 찾음
413년	광개토대왕 죽음. 태자 거련이 왕이 됨(장수왕)
440년	신라를 치려다가 눌지왕이 사죄하므로 그만둠
475년	백제의 한성을 함락하고 개로왕을 잡아 죽임
491년	장수왕 죽음. 문자명왕 즉위함
512년	백제의 가불과 원산 두 성을 점령
519년	문자명왕 죽음. 태자 흥안이 왕이 됨(안장왕)
531년	안장왕 죽음. 동생 보련이 왕이 됨(안원왕)
545년	안원왕 죽음. 태자 평성이 왕이 됨(양원왕)
559년	양원왕 죽음. 태자 양성이 왕이 됨(평원왕)
590년	평원왕 죽음. 태자 원이 왕이 됨(영양왕)
618년	영양왕 죽음. 이복 동생 건무가 왕이 됨(영류왕)
642년	영류왕 죽음. 보장왕 즉위
655년	신라의 김춘추가 불러 당나라가 쳐들어옴
662년	연개소문이 당나라 군대를 섬멸함
666년	연개소문 죽음. 당의 공작으로 고구려 분열
668년	고구려 멸망

광개토대왕비에는
자랑스런 우리 역사가 담겨 있어요!

광개토대왕비는 고구려의 19대 임금이었던 광개토대왕의 위대한 업적을 기리기 위해 아들 장수왕이 414년에 세운 비석입니다.

높이 6.39미터, 너비 1.35~2미터에 이르는 광개토대왕비는 겉모양이 울퉁불퉁하며, 우리나라 비석들 가운데 가장 큽니다.

비석의 사면에는 빽빽하게 글자가 새겨져 있습니다. 모두 1,775자인데, 이 가운데 150여 글자는 읽을 수 없는 상태라고 합니다.

◀ 장수왕이 아버지 광개토대왕의 업적을 후손에 전하기 위해 세운 광개토대왕비.

비문에는 고구려의 건국 신화와 역대 왕들의 이야기, 광개토대왕이 벌인 전투와 당시 주변 정세 등을 알 수 있는 역사적 사실들이 담겨 있습니다.

하지만 고구려와 고구려를 이었던 발해가 망하고 우리나라의 땅이 한반도로 좁아지면서, 광개토대왕비는 한동안 잊혀졌습니다. 그러다가 광개토대왕비가 다시 알려지기 시작한 것은 19세기 말이었습니다.

일본이 우리나라와 중국 일부를 지배하던 시절, 일본 학자들은 비밀리에 광개토대왕비 연구를 시작했습니다. 그러고는 일본이 조선을 지배하는 데 유리하도록 광개토대왕비에 새겨진 글자들을 교묘히 바꾸었습니다. 마치 아주 오래전부터 일본이 백제, 신라, 고구려를 지배

▶ 비석에는 고구려의 건국 신화와 광개토대왕의 업적이 빼곡히 새겨져 있다.

했다는 거짓말을 하기 위해서였습니다.

하지만 뒷날, 재일교포 학자 이진희 박사는 일본이 광개토대왕비에 석회를 발라 글자를 조작했다는 사실을 밝혀냈습니다. 그리고 1984년, 우리나라의 이형구 박사가 바뀌기 전에 있었던 비문을 해독해 냈습니다.

원래의 비문은 '백제와 신라는 예로부터 고구려의 속국으로 조공을 바쳐 왔는데, 그 뒤 신묘년(331년)부터 조공을 바치지 않으므로 백제, 왜구, 신라를 파해 신민으로 삼았다'는 내용으로 밝혀졌습니다. 하지만 아직까지도 일본은 자기 나라에 유리한 대로만 해석하고 있을 뿐입니다.

지금 우리의 광개토대왕비는 옛 고구려 땅인 중국 지린성(吉林省) 지안현(集安縣)의 퉁거우(通溝)라는 곳에 서 있습니다. 중국 정부는 2003년에 대대적인 고구려 유적 복원 사업을 벌여 광개토대왕비를 방탄 유리벽 안에 가둬 놓았습니다. 심지어 중국은 우리나라가 통일되고 나면 힘이 커질 것을 우려하여, 고구려가 중국의 옛 역사라고 우기고 있습니다. 우리 선조인 고구려 사람들의 드높은 용기와 기상이 중국과 일본의 틈바구니 안에서 그 빛을 잃고 있는 안타까운 현실입니다.

그러나 23년 동안 통치를 하면서 고구려의 영토를 크게 넓히

◀ 광개토대왕이 넓혔던 우리나라 옛 땅의 모습. 광개토대왕과 장수왕의 활동으로 우리나라 역사상 가장 넓은 땅을 가진 때의 모습이다.

고 드넓은 대륙을 호령했던 광개토대왕의 빛나는 업적은 광개토대왕비를 통해 잘 알려져 있습니다. 여러분도 광개토대왕처럼 당당하고 위용 있는 마음가짐을 키워 나갔으면 하는 바람입니다.

고정욱 선생님이 들려주는 **광개토대왕**

제1판 제1쇄 발행일 2004년 9월 30일
개정판 제4쇄 발행일 2024년 4월 1일

글쓴이 · 고정욱
그린이 · 허구

펴낸이 · 곽혜영
주 간 · 오석균
편 집 · 최혜기
디자인 · 소미화
마케팅 · 권상국
관 리 · 김경숙
펴낸곳 · 도서출판 산하 | 등록번호 · 제2020-000017 호
주소 · 03385 서울특별시 은평구 연서로 26길 27. 대한민국
전화 · (02)730-2680(대표) | 팩스 · (02)730-2687
홈페이지 · www.sanha.co.kr | 전자우편 · sanha0501@naver.com

글ⓒ고정욱, 2004
그림ⓒ허구, 2004

ISBN 978-89-7650-507-1 74810
ISBN 978-89-7650-610-8 (세트)

*이 도서의 국립중앙도서관 출판시도서목록(CIP)은 e-CIP홈페이지(http://www.nl.go.kr/ecip)와
  국가자료공동목록시스템(http://www.nl.go.kr/kolisnet)에서 이용하실 수 있습니다. (CIP제어번호 : CIP2018029895)
*이 책은 저작권법에 따라 보호받는 저작물이므로 무단 전재와 무단 복제를 금합니다.
*8세 이상 어린이를 위한 책입니다.